BALZAC

AU COLLÈGE

EN VENTE :

BALZAC, PROPRIÉTAIRE

Avec un plan de la propriété des Jardies.

Il ne reste que quelques exemplaires.

EN PRÉPARATION :

BALZAC, L'HOMME ET L'ŒUVRE

Orné de deux portraits.

BALZAC, SA MÉTHODE DE TRAVAIL

Avec fac-simile d'une page d'épreuves corrigées.

627 — Poitiers, typ. J. BESSAYRE. — Paris, 3, rue d'Aboukir

Prison du collége de Vendôme où fut enfermé Balzac.

CHAMPFLEURY

DOCUMENTS POUR SERVIR A LA BIOGRAPHIE DE BALZAC

BALZAC

AU COLLÉGE

AVEC UNE VUE DESSINÉE D'APRÈS NATURE

Par A. Queyroy.

PARIS
LIBRAIRIE A. PATAY
18, Rue Bonaparte, 18.

1878

BALZAC

AU COLLÉGE

I

Vendôme est une de ces villes tranquilles de la Touraine, où l'existence s'écoule facile pour les natures qui craignent les chocs et les cahots de la vie parisienne. Les monuments n'y sont pas nombreux ; mais Vendôme offre une particularité inconnue à la province : son lycée est célèbre comme ces colléges anglais, Oxford par exemple, où l'éducation moderne est si développée.

Peut-être le souvenir des Oratoriens qui fondèrent l'établissement vendômois au XVIIe siècle a-t-il contribué pour une part à sa célébrité! J'estime que l'importante description qu'en fit un de ses anciens élèves dans *Louis Lambert*, l'œuvre non pas la plus importante, mais l'une des plus intéressantes de l'auteur de la *Comédie humaine*, jeta un rayonnement particulier sur ces vieux murs et les teinta d'une lueur poétique ineffaçable.

Publiée en 1833, vingt ans après la sortie de Balzac du collège, cette autobiographie fut conçue sous le coup des influences de *René*, d'*Obermann*, de *Joseph Delorme* et de tous ces types maladifs et factices qu'abandonna, heureusement pour sa gloire, le grand observateur.

Louis Lambert fournissait au romancier l'occasion de décrire ses émotions d'enfance et de jeunesse sans se mettre directement en scène, sans abuser du *je* et du *moi* que haïssait le grand artiste si personnel et si impersonnel à la fois.

On a dans ce double Balzac le confident d'un enfant penseur qui, craignant de livrer à la foule la connaissance trop exacte de ses tendances mystiques, prend le nom de *Louis Lambert*. « Louis Lambert et lui ne font qu'un, c'est Balzac en deux personnes », écrit sa sœur. Et il faut croire en tout cette femme distinguée, qui a laissé un livre si sincère sur son frère aîné.

La congestion d'idées dont fut attaqué Balzac, pour avoir dévoré en glouton la bibliothèque des Oratoriens, prouve combien le récit de madame Surville concorde avec l'étude analytique que consacra plus tard le romancier au pseudo Louis Lambert :

« Balzac avait quatorze ans quand M. Mareschal, le directeur du collége, écrivit à notre mère, entre Pâques et les prix, de venir en toute hâte chercher son fils. Il était atteint d'une espèce de *coma* qui inquiétait d'autant plus ses maîtres qu'ils n'en voyaient pas les causes. Mon frère était pour eux un écolier paresseux ; ils ne pouvaient donc attribuer à aucune fatigue intellectuelle cette espèce de maladie cérébrale. Devenu maigre et chétif, Honoré ressemblait à ces somnambules qui dorment les yeux ouverts ; il n'entendait pas la plupart des questions qu'on lui adressait, et ne savait que répondre quand on lui demandait brusquement : « *A quoi pensez-vous? Où êtes-vous?* »

Cette maladie bizarre, Balzac en dit de son côté quelques mots dans *Louis Lambert :*

« Six mois après la confiscation du *Traité sur la Volonté*, je quittai le collége. Cette séparation fut brusque. Ma mère, alarmée d'une fièvre qui, depuis quelque temps, ne me quittait pas, et à laquelle mon inaction corporelle donnait les symptômes du *coma*, m'enleva du collége en quatre ou cinq heures. »

A quelle cause était dû un état si particulier, Balzac l'explique en le reportant au compte de son héros fictif :

« Soumis, dès l'enfance, à une précoce activité, due sans doute à quelque maladie ou à quelque imperfection de ses organes, dès l'enfance ses forces se consumèrent par le jeu de ses sens intérieurs et par une surabondante production de fluide nerveux. Homme d'idées, il lui fallut étancher la soif de son cerveau qui voulait s'assimiler toutes les idées. De là ses lectures ; et de ses lectures ses réflexions qui lui donnèrent le pouvoir de réduire les choses à leur plus simple expression, de les absorber en lui-même pour les y étudier dans leur essence. Les bénéfices de cette magnifique période, accomplie chez les autres hommes après de longues études seulement, échurent donc à Lambert pendant son enfance corporelle ; enfance heureuse, enfance colorée par les studieuses félicités du poëme. Le terme où arrivent la plupart des cerveaux fut le point d'où le sien devait partir un jour à la recherche de quelques nouveaux mondes d'intelligence. »

En parcourant les grandes cours du collége, en face des vieux bâtiments de brique et de pierre, qui n'ont pas subi de modifications depuis leur érection, il me semblait que j'étais suivi par l'ombre de l'écolier méditatif qui étonna ses camarades plus qu'il ne leur inspira de sympathies.

Balzac ne savait ni jouer à la balle, ni courir, ni monter sur des échasses. Étranger aux plaisirs de ses condisciples, il restait seul, mélancolique, assis sous quelque arbre de la cour.

« L'instinct si pénétrant, l'amour-propre si délicat des écoliers leur fit pressentir en nous [Louis Lambert et Balzac] des esprits situés plus haut ou plus bas que ne l'étaient les leurs. De là, chez les uns, haine de notre muette aristocratie ; chez les autres, mépris de notre inutilité. Ces sentiments étaient entre nous à notre insu, peut-être ne les ai-je devinés qu'aujourd'hui. Nous vivions donc exactement comme deux rats tapis dans le coin de la salle où étaient nos pupitres, également retenus là durant les heures d'études et pendant celles des récréations. Cette situation excentrique dut nous mettre et nous mit en état de guerre avec les enfants de notre division. »

Dans le roman, Balzac fait partager ce poids d'antipathie à deux êtres : Louis Lambert et lui. La réalité fut plus dure encore. Il était le seul penseur du collége. Ses camarades abusaient de leur force vis-à-vis de lui ; il répondait par le mépris. C'est pourquoi je n'ai voulu consulter aucun des condisciples de Balzac : ils ne pouvaient avoir pressenti cet *idéologue*, presque aussi insupportable pour eux que les penseurs de l'Empire l'étaient pour Napoléon Ier.

Au collége, la force, l'adresse priment tout. Balzac, aux yeux de ses camarades, n'était pas même rehaussé par sa supériorité en classe : accablé de pensums, obligé de tendre la main aux férules, le plus souvent en prison, tel était alors le mauvais écolier que ses maîtres ne pouvaient offrir en exemple à ses condisciples.

A défaut de contemporains de Balzac au lycée de Vendôme, j'ai tenu à voir une nature plus naïve, le portier chargé du service de la geôle. Ce bonhomme, aujourd'hui âgé de quatre-vingt-quatre ans, et qu'on appelle le Père Verdun, se rappelle « *les grands yeux noirs de monsieur Balzac.* » En effet, toute la beauté et la puissance intellectuelle du romancier gisaient dans des yeux admirables, plongeant intérieurement et extérieurement à la fois, regards qui observèrent si profondément, qui devinèrent plus encore.

Le père Verdun était, par ses fonctions, chargé d'enfermer les mauvais travailleurs dans les *culottes de bois* dont parle Balzac à un de ses rares amis de collége : « Quand David inaugurera sa statue de Jean Bart, écrit-il, en 1844, à M. Fontémoing, avocat à Dunkerque, peut-être irai-je jouir de ce spectacle, et alors nous aurons bien un ou deux jours pour nous souvenir des *culottes de bois* et autres *vendomoiseries*[1]. »

Le système des *culottes de bois* a, malheureusement pour les biographes,

(1) Les lettres de Balzac à son ancien camarade de classe Fontémoing n'ont pas été reproduites par l'éditeur de la *Correspondance (Œuvres complètes de Balzac, xxiv)*, publiée en 1876.

heureusement pour l'hygiène, disparu des dortoirs, où les élèves paresseux étaient enfermés jusqu'à ce qu'ils revinssent à de meilleurs sentiments. C'était une sorte de confessionnal particulier à chaque collégien, et que Balzac a décrit avec détails :

« Là, plus libres que partout ailleurs, nous pouvions parler pendant des journées entières, dans le silence des dortoirs où chaque élève possédait une niche de six pieds carrés, dont les cloisons étaient garnies de barreaux par le haut, dont la porte à claire-voie se fermait tous les soirs et s'ouvrait tous les matins sous les yeux du Père chargé d'assister à notre lever et à notre coucher. Le cric-crac de ces portes, manœuvrées avec une singulière promptitude par les garçons du dortoir, était encore une des particularités de ce collége. Ces alcôves ainsi bâties nous servaient de prison, et nous y restions quelquefois enfermés pendant des mois entiers. »

Singulier mode d'enseignement que cet emprisonnement cellulaire de *plusieurs mois* ! Il est vrai qu'une telle détention paraissait moins longue à des élèves qui ne sortaient jamais de l'enceinte du collége, *pas même aux vacances*, tant que duraient leurs études.

Il serait bon de contrôler si cette dure éducation, jointe à l'austère sévérité des anciens Oratoriens, n'a pas donné des hommes mieux trempés que ceux d'aujourd'hui ; aussi ai-je voulu savoir ce qu'étaient devenus dans la vie les anciens camarades de

Balzac, si les carrières libérales, le commerce, l'agriculture, les armes n'avaient pas été dotés, grâce à l'enseignement vendômois, de natures fermes et plus aguerries. Je ne peux citer pour exemple qu'un militaire qui, à travers les camps, poursuivit ses travaux philosophiques et traduisit Fichte en faisant la campagne d'Alger, Barchou de Penhoen, et un légiste, M. Dufaure, qui, du barreau, s'élança dans la vie politique, où il devait occuper de si hautes fonctions.

Cependant que faisait-on, interné pendant quelques mois dans ces *culottes de bois?* Balzac l'a dit en prouvant que tout prisonnier contient un Silvio Pellico :

« Les écoliers mis en cage tombaient sous l'œil sévère du préfet; espèce de censeur qui venait, à ses heures ou à l'improviste, d'un pas léger, pour savoir si nous causions au lieu de faire nos pensums. Mais les coquilles de noix semées dans les escaliers, ou la délicatesse de notre ouïe nous permettaient presque toujours de prévoir son arrivée, et nous pouvions nous livrer sans trouble à nos études chéries. Cependant, la lecture nous étant interdite, les heures de prison appartenaient ordinairement à des discussions métaphysiques ou au récit de quelques accidents curieux relatifs aux phénomènes de la pensée. »

Ce fut là que le père Verdun emprisonna, déprisonna souvent l'enfant, et parfois le conduisit dans une prison plus rigoureuse, qui, détachée de l'ancien collége, forme sur le Loir une échappée pittoresque, mais peu intéressante pour ceux qui y étaient enfermés [1].

Qu'importait à Balzac ! Il n'avait pas d'amis autour de lui, pas de cœurs sympathiques pour le comprendre, et les murs du collége lui semblaient plus sombres que ceux de sa prison. « Cet aigle qui voulait le monde pour pâture, se trouvait entre quatre murailles étroites et sales ; aussi sa vie devint-elle, dans la plus large acception de ce terme, une vie idéale. »

(1) Voir en tête de cette notice la gravure d'après un dessin qu'a bien voulu prendre sur nature, pour m'être agréable, l'habile artiste Queyroy.

II.

Le biographe de *Louis Lambert* a négligé le parloir dans son étude analytique. C'est l'endroit qui m'a le plus frappé dans ma visite au collége. Aux murs sont accrochés de solennels portraits des grands personnages de la province : les deux Vendôme, le cardinal et le duc. En regard, l'image des anciens Oratoriens, celle entre autres du Révérend Père Bourgoing, qui fut supérieur de l'ordre.

Peinture de sacristie comme la comprenaient les anciens Espagnols : tête de cire, sang verdâtre, sorte de saint Bonaventure ressuscitant pour écrire ses mémoires. La règle des fondateurs de l'Oratoire a passé dans cet ascétique portrait que Balzac enfant dut regarder plus d'une fois, chagrin de ne pouvoir se décharger dans le cœur d'un professeur affectueux de ce qui bouillonnait dans son esprit.

« La tête toujours appuyée sur sa main gauche, le bras accoudé sur son pupitre, il passait les heures d'étude à regarder dans la cour le feuillage des arbres ou les nuages du ciel ; il semblait étudier ses leçons ; mais voyant la plume immobile ou la page restée blanche, le régent criait : « Vous ne faites rien, Lambert ! » Ce : *Vous ne faites rien*, était un coup d'épingle qui blessait Louis au cœur... Lorsqu'il était violemment tiré d'une méditation par le : — *Vous ne faites rien ?* du régent, il lui arriva souvent, à son insu d'abord, de lancer à cet homme un regard empreint de je ne sais quel mépris sauvage, chargé de pensée comme une bouteille de Leyde est chargée d'électricité. Cette œillade causait sans doute une commotion au maître, qui, blessé par cette silencieuse épigramme, voulut désapprendre à l'écolier ce regard fulgurant. La première fois que le Père se formalisa de ce dédaigneux rayonnement qui l'atteignit comme un éclair, il dit cette phrase que je me suis rappelée : « — Si vous regardez encore ainsi, Lambert, vous allez recevoir une férule ! » A ces mots, tous les nez furent en l'air, tous les yeux épièrent alternativement et le maître et Louis. L'apostrophe était si sotte que l'enfant accabla le Père d'un coup d'œil qui fut un éclair. De là vint entre le régent et Lambert une querelle qui se vida par une certaine quantité de férules. Ainsi lui fut révélé le pouvoir oppresseur de son œil. »

Un professeur pouvait-il comprendre « ce pauvre poëte, si nerveusement constitué, vaporeux autant qu'une femme, dominé par une mélancolie chronique, tout malade de son génie comme une jeune fille l'est de cet amour qu'elle appelle et qu'elle ignore. »

Ce que comprenait de l'enfant, gros de *la Comédie humaine*, le principal du collége est inscrit sur le registre de sortie des élèves, un ancien volume relié en parchemin, que je dois à M. Chautard, maire de Vendôme, d'avoir pu parcourir attentivement. A la page 7, est écrit : « N° 460. — Honoré Balzac, âgé de huit ans cinq mois. A eu la petite vérole sans infirmités. Caractère sanguin, s'échauffant facilement et sujet à quelques fièvres de chaleur. — Entré au pensionnat le 22 juin 1807. — Sorti le 22 août 1813. — S'adresser à M. Balzac, son père, à Tours. »

Caractère sanguin, *s'échauffant facilement, sujet à quelques fièvres de chaleur*, tel est ce jeune esprit qui couve encore à l'âge de quatorze ans, et qui, dix années plus tard, deviendra un volcan d'où s'échapperont d'abord d'épaisses fumées suivies des flammes les plus brillantes qu'on ait vues dans le siècle ; mais aucun des Oratoriens n'avait pressenti le volcan

III

Les cours sont belles dans le vieux *Collegium cœsareo vindocinense*. L'air, au moins, ne manquait pas aux élèves enfermés à l'intérieur. Trois grandes cours se succèdent qui, du temps de Balzac, étaient le partage des *Minimes,* des *Moyens* et des *Grands.*

Dans la première, plantée d'acacias et d'ormeaux qui cachent à demi les trois étages de pierres et de briques entremêlées, est une belle place, un terrain tout naturel pour la statue de Balzac, dont le souvenir illustrera à jamais le collége. Là, je voudrais voir le compatriote de Descartes, le romancier qui, certainement, pensa autant que le philosophe, le jeune « voyant » à qui sa ville natale aurait dû élever un monument depuis vingt ans, le Tourangeau qui aima tant son pays qu'à l'aide de ses livres on reconstituerait la plus intéressante des Touraines pittoresques ; là devrait apparaître pour l'instruction de la nouvelle génération l'écolier méditatif et songeur, un livre à la main, cherchant dans l'espace d'autres livres, toujours des livres.

Dès sa plus tendre jeunesse, « la lecture était devenue chez Lambert une espèce de faim que rien ne pouvait assouvir ; il dévorait des livres de tout genre, et se repaissait indistinctement d'œuvres religieuses, d'histoire, de philosophie et de physique. »

Il se peut qu'on dise qu'au point de vue de l'enseignement, Balzac ne réalisait pas le type du parfait élève. Ce paresseux était le plus grand travailleur du collége de Vendôme ; seulement les professeurs ne s'en aperçurent pas. « Louis m'a dit avoir éprouvé d'incroyables délices en lisant des dictionnaires à défaut d'autres ouvrages, et je l'ai cru volontiers. Quel écolier n'a mainte fois trouvé du plaisir à chercher le sens probable d'un substantif inconnu ? L'analyse d'un nom, sa physionomie, son histoire étaient pour Lambert l'occasion d'une longue rêverie..... La plupart des mots ne sont-ils pas teints de l'idée qu'ils représentent extérieurement? » Voilà ce à quoi pensait Balzac méconnu.

Quel enseignement pour les élèves que celui de cette grave figure, de cet écrivain robuste comme le vieux platane qui s'est fait un trou dans la pierre pour baigner ses racines dans le Loir, et qui évoque le souvenir du génie de l'homme faisant éclater les murailles du collége pour penser !

Quelle vie de travail austère que celle d'un tel homme lancé au début de la vie dans d'inextricables difficultés de fortune, gagnant pied à pied le terrain que l'art jaloux lui disputait, et plus grand à ses propres yeux à mesure qu'on le méconnaissait !

Ce n'est pas tant le romancier que le penseur dont il serait utile d'exposer l'image aux yeux des élèves du lycée. Où mène le travail sans cesse poursuivi ? Balzac l'a montré. On a regretté la destruction de son manuscrit du *Traité de la volonté*. Balzac l'a mis en pratique toute sa vie. Une telle volonté, applicable aux sciences exactes comme aux carrières libérales, aux lettres aussi bien qu'à l'industrie, un tel combat sans trêve ni relâche d'un enfant de la Touraine, ne sont-ils pas importants à montrer aux nouvelles générations par une statue ?

www.ingramcontent.com/pod-product-compliance
Ingram Content Group UK Ltd.
Pitfield, Milton Keynes, MK11 3LW, UK
UKHW021930190726
13853UKWH00002B/970